『서울대 1등급 노트』특별부록
D-30 수능 벼락치기 파이널 요약본

D-30
수능 벼락치기
파이널 요약본

D-30,
무엇에 집중해야 하는가

D-30. 여러분이 이 책자를 꺼내 들었다는 것은, 지금 하고 있는 공부의 마무리 작업을 해야 한다는 의미겠죠.

여러분은 지금까지 먼 길을 달려왔고, 눈앞에는 점점 그 결승점이 보이기 시작합니다. 이제 거의 마무리 단계에 다다랐다는 성취감, 그럼에도 가슴 한 켠에 분명히 남아 있는 불안감, 그리고 마지막까지 싸워 나가 목표를 쟁취해야 한다는 투지. 휘몰아치는 이 모든 감정들에도 불구하고, 여러분은 냉정해야 합니다.

이 시기는 모든 것을 갈무리하는 데 활용해야 하는, 즉 여러분이 공부했던 모든 것을 확고하게 여러분의 것으로 만드는 데 활용해야 하는 시기입니다.

이 시기 동안 여러분이 해야 할 작업은 명확하게 정해져 있습니다. 바로 '지금까지 해 온 공부에 대한 확인 작업'입니다.

분명 여러분은 지금까지 최선을 다해 공부를 해 왔겠지만, 시간이 지남에 따라 그 공부들에 결함이 발생했을 가능성이 존재하며, 여러분이 했던 공부 자체에 결함이 있었을 가능성 역시 부정할 수 없습니다. 이 결함을 수능까지 그대로 가지고 간다면, 어떤 사고가 발생할지 모릅니다.

그렇기에 이 시기, 여러분이 반드시 해야 할 것은 지금까지 해 온 공부에 대한 점검 작업입니다. 작업은 기본적으로 기출 학습의 완성도에 대한 점검을 주 내용으로 하며, 각 과목마다 내용이 다릅니다.

이 작업에는 피하고 싶은 여러분의 결점을 마주하는 과정이 필연적으로 수반됩니다. 여기에는 고통이 뒤따릅니다. 그러나 그 고통은 수능에서 원치 않는 성적을 받아들였을 때의 고통에 비하면 아무것도 아닐 것입니다.

지금까지 해 온 공부에 대한 점검.

앞으로 이 책자에서 소개하게 될 모든 글은 여기에 포커스를 맞추어 작성되었습니다.

얼마 남지 않은 기간, 여기서 제시하는 내용에 따라 올바른 점검 작업을 진행하면 수능 날 반드시 여러분이 가진 실력에 걸맞은 성적을 거둘 수 있으리라 확신합니다.

D-30 파이널 체크

〈국어〉

국어 기출 점검

국어에서 가장 먼저 점검해야 할 부분은, 프롤로그에서도 언급했듯 '기출 학습이 제대로 되었는가' 여부입니다. 이는 뒤에서 언급할 수학, 영어에도 마찬가지로 적용되는, 학습 점검의 필수적인 부분이죠.

그렇다면 국어에서는 어떤 기준을 적용해서, 또 어떤 방식을 활용해서 기출 학습에 대한 점검을 진행해야 할까요? 이는 점검하는 대상이 문학인지 또는 비문학인지에 따라서 달라집니다. 따라서 문학과 비문학을 나누어서 기준과 방식에 대해 설명하겠습니다.

비문학(독서) 기출 점검

비문학에서 기출 학습 완료의 기준은 다음과 같습니다. **지문을 읽어 나갈 때 앞으로 전개될 내용이 기억나는 것, 그리고 문제를 풀 때 필요한 사고 과정이 기억나는 것.**

> 　물건을 사용하고 있는 사람이 그 물건의 주인일까? 점유란 물건에 대한 사실상의 지배 상태를 뜻한다. 이에 비해 소유란 어떤 물건을 사용·수익·처분할 수 있는 권리를 가진 상태라고 정의된다. 따라서 점유자와 소유자가 항상 일치하지는 않는다.
>
> [A] 　물건을 빌려 쓰거나 보관하고 있는 것을 포함하여 물건을 물리적으로 지배하는 상태를 직접점유라고 한다. 이에 비해 어떤 물건을 빌려 쓰거나 보관하는 사람에게 그 물건의 반환을 청구할 수 있는 권리를 가진 사람도 사실상의 지배를 한다고 볼 수 있다. 이와 같이 반환청구권을 가진 상태를 간접점유라고 한다. 직접점유와 간접점유는 모두 점유에 해당한다. 점유는 소유자를 공시하는 기능도 수행한다. 공시란 물건에 대해 누가 어떤 권리를 가지고 있는지를 알려 주는 것이다. 물건 중에서 피아노, 금반지, 가방 등과 같은 대부분의 동산은 점유에 의해 소유권이 공시된다.

2020학년도 9월 모의고사 국어에 출제된 '점유 소유' 지문

설명을 하기 전에, 먼저 한 가지 예시를 살펴보도록 합시다.

위 지문은 2020학년도 9월 평가원 모의고사에 출제되었던 '점유 소유' 지문입니다. '압축적인 서술'과 '추론형 문항'이라는, 당시에는 새롭게 등장한 기조가 매우 강하게 발현된 지문이었기에 많은 학생들에게 좌절을 안겨 준 지문이었죠.

만약 여러분이 해당 지문에 대한 학습이 제대로 되어 있다면, 첫 문단을 읽은 뒤 여러분의 머릿속에는 이 정도의 생각이 떠올라야 합니다.

'이 지문에서는 직접점유, 간접점유, 소유권 공시 등을 설명하는 내용이 등장했었지.'

직접점유와 간접점유, 소유권 공시가 무엇인지에 대한 개념 자체가 정확히 기억날 필요는 전혀 없습니다. 이들을 모두 기억해 내라는 것은 그냥 지문 자체를 완전히 외우라는 것과 다를 바가 없기 때문이죠.

그러나 지문을 읽을 때 어떤 개념들에 대한 설명이 뒤에 이어졌는지 정도는, 지문을 읽을 때 미리 기억이 나야 합니다. 그렇다면 문제를 풀어 나갈 때는 무엇이 떠올라야 하는지 지문의 [A] 부분에 대한 문제 예시를 통해 살펴봅시다.

| 28 | [A]에 대한 이해로 가장 적절한 것은?
① 물리적 지배를 해야 동산의 간접점유자가 될 수 있다.
② 간접점유는 피아노 소유권에 대한 공시 방법이 아니다.
③ 하나의 동산에 직접점유자가 있으려면 간접점유자도 있어야 한다.
④ 피아노의 직접점유자가 있으면 그 피아노의 간접점유자는 소유자가 아니다.
⑤ 유효한 양도 계약으로 피아노의 소유자가 되려면 피아노에 대해 직접점유나 간접점유 중 하나를 갖춰야 한다.

정답 : ⑤

2020학년도 9월 모의고사 국어 28번 문항

위 문제의 정답은 5번입니다. 이 정답을 고르기 위해서는 다음과 같은 사고 과정을 거쳐야 합니다.

직접점유나 간접점유는 모두 점유에 해당
→ 점유는 소유자를 공시
→ 피아노와 같은 동산은 점유에 의해 소유자가 공시
→ 피아노의 소유자가 되려면 점유, 즉 직접점유나 간접점유를 갖춰야 함

그리고 기출 학습이 완료된 채로 지문을 한 번 읽은 뒤 문제를 풀 때는, 위 사고 과정이 머릿속에 바로 떠올라야 하죠.

지금까지 설명한 내용을 정리하면 다음과 같습니다. 이것이 '비문학 기출 학습이 완료되었다'의 기준이라고 할 수 있겠죠.

1. 지문을 읽을 때 앞으로 설명될 대략적인 개념들이 기억나야 함
2. 지문을 읽은 후 문제를 풀 때 각 선지를 해결하기 위한 사고 과정이 기억에 남아 있어야 함

기출 비문학 지문을 풀 때, 위의 조건을 만족하지 못했다면 아직 해당 지문에 대해서 완전한 학습이 되지 않은 것이니 다시 학습해야 합니다.

문학 기출 점검

문학에서 기출 학습 완료의 기준은 다음과 같습니다. 운문의 경우는 **작품에 제시된 시어가 가지는 의미를 파악할 수 있는 것**, 그리고 산문의 경우는 **지문을 읽을 때 줄거리를 올바르게 파악할 수 있는 것.**

역시 운문과 산문 모두에서 예시를 먼저 살펴보죠.

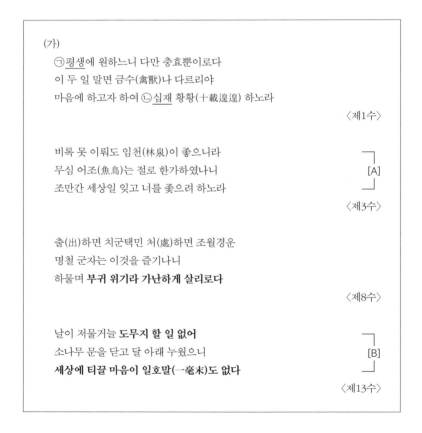

(가)
㉠평생에 원하느니 다만 충효뿐이로다
이 두 일 말면 금수(禽獸)나 다르리야
마음에 하고자 하여 ㉡십재 황황(十載遑遑) 하노라
〈제1수〉

비록 못 이뤄도 임천(林泉)이 좋으니라
무심 어조(魚鳥)는 절로 한가하였나니   [A]
조만간 세상일 잊고 너를 좇으려 하노라
〈제3수〉

출(出)하면 치군택민 처(處)하면 조월경운
명철 군자는 이것을 즐기나니
하물며 부귀 위기라 가난하게 살리로다
〈제8수〉

날이 저물거늘 **도무지 할 일 없어**
소나무 문을 닫고 달 아래 누웠으니   [B]
세상에 티끌 마음이 일호말(一毫末)도 없다
〈제13수〉

성현의 가신 길이 ⓒ만고(萬古)에 한가지라
은(隱)커나 현(見)커나 도(道)가 어찌 다르리
한가지 길이오 다르지 않으니 아무 덴들 어떠리

[C]

〈제17수〉

강가에 누워서 강물 보는 뜻은
세월이 빠르니 ⓔ백세(百歲)인들 길겠느뇨
ⓜ십 년 전 진세(塵世) 일념이 얼음 녹듯 한다

〈제19수〉
-권호문, 「한거십팔곡」

2024년 6월 모의고사 국어에 출제된 「한거십팔곡」

위 지문은 2024년 6월 평가원 모의고사에 출제되었던 권호문의 「한거십팔곡」으로, 운문입니다. 만약 여러분이 해당 지문에 대한 학습이 제대로 되어 있다면, 위 지문에서 등장하는 '임천', '성현의 가신 길', '진세 일념' 등의 시어가 가지는 의미를 파악할 수 있어야 합니다.

이는 다시 말하면, 작품이라는 맥락 속에서 해당 시어를 보았을 때 그 시어가 맥락상 가지는 의미를 떠올려야 한다는 이야기입니다. 아무것도 없이 그 시어만 던져 놓았을 때 의미를 파악하라는 것은 당연히 아니지만, 그 시어가 작품 속에서 등장했을 때는 의미를 파악할 수 있어야 하죠.

이는 현대 시에서도 마찬가지로 적용되는데, 현대 시 역시 시어가 가지는 의미가 해석의 중점이 된다는 점은 고전 시가와 일맥상통하므로 위와 같은 기준을 적용할 수 있는 것이죠.

다음으로 산문에 있어서 기출 학습 완료의 기준도 실제 사례를 살펴보며 알아봅시다.

아래 지문은 2024년 9월 평가원 모의고사에 출제되었던 산문인 「숙영낭자전」입니다.

만약 해당 지문에 대한 학습이 제대로 되어 있다면, 위 지문을 읽으면서 큰 고민 없이 이야기의 전개를 파악할 수 있어야 합니다.

선군이 한림원에 다녀온 후 편지 먼저 하는지라. 노복이 주야로 내려와 상공께 편지를 드리니, 한 장은 부모님께, 한 장은 낭자에게 부친 편지거늘, 부모님께 올린 편지를 상공이 열어 보니,

[A]
　"문안드립니다. 그사이 부모님께서는 평안하셨나이까? 저는 부모님 덕분에 무탈하옵니다. 또한 천은을 입어 금번에 장원 급제하여 한림학사로 입조하여 도문하니, 일자는 금월 망일이오니 잔치는 알아서 준비해 주옵소서."

하였더라.

낭자에게 온 편지를 부인 정 씨 **춘양**에게 주며,

"ⓐ이 편지는 네 어미에게 부친 편지라. 네가 잘 간수하라."

하고 부인 통곡하니 춘양이 그 편지를 받고 울며 동춘을 안고 방에 들어가 어미 시신 흔들고 울며, 편지 열어 낯에 대고 통곡 왈,

"어머님 일어나소. 아버님 편지가 왔나이다. 일어나소. 아버님 장원 급제하여 내려오시나이다."

하며 편지로 낯을 덮으며,

"동춘은 연일 젖 먹자고 웁니다. 어머님 평시 글을 좋아하시더니 아버님 편지 왔사온데 어찌 반기지 아니하시나이까? 춘양은 글을 몰라 어머님 영전에 읽어 드리지 못하나니 답답하나이다."

하고 할머님께 빌며,

"할머님께서 어머님 영전에 가 편지를 읽으시면 어머님 영혼이 감동할 듯하나이다."

하니 정 씨 마지못해 방에 들어가 울면서 편지를 읽는지라.

2024년 9월 모의고사 국어에 출제된 「숙영낭자전」

선군이 편지를 부모님, 낭자에게 보내고, 낭자는 죽었으며, 편지를 받은 춘양은 글을 몰라 할머님께 대신 편지를 읽어 주기를 부탁한다는 정도의 전개는 글을 읽으면서 파악을 할 수 있어야 한다는 것입니다.

비문학과 달리 이후 일어날 사건의 내용을 미리 떠올릴 필요는 없습니다. 산문 특성상 중략이 빈번해 가운데 내용 없이 한참 뒤의 내용이 바로 등장하는 경우가 많기 때문이죠.

그러나 적어도 지문을 읽으면서는 지금 읽고 있는 지문의 내용이 어떻게 전개되는지 파악할 수 있어야, 해당 지문에 대한 기출 학습이 완료되었다고 볼 수 있습니다.

이는 현대 소설에도 마찬가지로 적용되는데, 현대 소설도 줄거리의 파악이 해석의 중점이 된다는 점은 고전 시가와 일맥상통하므로 위와 같은 기준을 적용할 수 있는 것이죠.

선택과목 기출 점검

선택과목에서 기출 학습 완료의 기준은 간단합니다. 기출 문제집에서 어떤 문제를 만나든 간에, **해당 문제를 막힘없이 '풀 수 있으면'** 기출 학습이 완료된 것입니다.

화법과 작문, 매체의 경우에는 지문을 모두 읽은 뒤 문제를 풀 때 막힘이 없으면 기출 학습이 완료된 것으로 볼 수 있습니다.

그리고 언어의 경우에는 문제를 풀 때 필요한 사고 과정을 문제를 풀 때 사실상 복기하는 수준으로 떠올릴 수 있으면 기출 학습이 완료된 것으로 볼 수 있죠. 더 쉽게 이야기하면, '문제를 보자마자 바로 풀고 틀리는 문제가 없으면' 기출 학습이 완료된 것으로 볼 수 있습니다. 당연히 언어(문법) 개념은 모두 알고 있어야겠죠?

EBS 연계 점검

그러나 국어의 경우는 기출 학습에 더해 한 가지 필수적인 학습이 더 존재합니다. EBS 교재와의 문학 연계 학습이 바로 그것이죠.

EBS 연계율이 줄어들며 연계 공부의 효용이 줄어든 다른 과목들과 달리, 국어 문학의 경우에는 아직 체감 연계 효과가 매우 크므로 문학 연계에 있어서도 공부가 되어 있는지 체크를 해야 합니다.

그렇다면, EBS 문학 연계 공부가 완료되었는지 여부는 어떻게 확인할 수 있을까요? 그 기본적인 틀은 기출 문학에서와 동일합니다. 지문을 보며 요구되는 사항들을 떠올릴 수 있다면 학습이 온전히 진행된 것으로 생각할 수 있습니다.

그러나 그 기준은 기출에서보다 사뭇 더 빡빡합니다. 운문 문학의 경우에는, **시가 혹은 시의 모든 구절에 대한 해석을 전부 알고 있어야 합니다.**

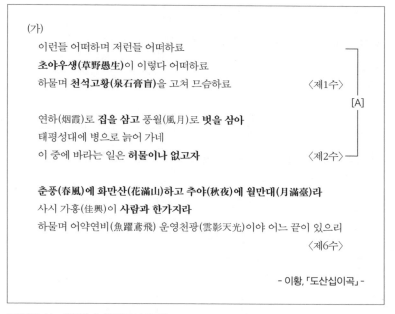

(가)

　　이런들 어떠하며 저런들 어떠하료
　　초야우생(草野愚生)이 이렇다 어떠하료
　　하물며 **천석고황(泉石膏肓)**을 고쳐 므슴하료　　　　〈제1수〉

　　연하(烟霞)로 **집을 삼고** 풍월(風月)로 **벗을 삼아**
　　태평성대에 병으로 늙어 가네
　　이 중에 바라는 일은 **허물이나 없고자**　　　　〈제2수〉

　　춘풍(春風)에 화만산(花滿山)하고 추야(秋夜)에 월만대(月滿臺)라
　　사시 가흥(佳興)이 **사람과 한가지라**
　　하물며 어약연비(魚躍鳶飛) 운영천광(雲影天光)이야 어느 끝이 있으리
　　　　　　　　　　　　　　　　　　　　　　　　　〈제6수〉

　　　　　　　　　　　　　　　　　　　　　　- 이황, 「도산십이곡」 -

[A]

2023년 수능 국어에 출제된 「도산십이곡」

　　위 작품은 2023학년도 수능에 출제되었던 이황의 「도산십이곡」이라는 고전 시가입니다. 이 시가는 2023학년도 『수능특강』에 수록되었는데, 그해 수능에 연계가 되어 출제되었습니다.

　　만약 여러분이 해당 지문에 대한 학습이 제대로 되어 있다고 가정하면, 위 지문에서 등장하는 '초야우생', '천석고황', '풍월', '사시 가흥' 등의 시어가 가지는 의미는 기본적으로 모두 파악이 되어 있어야 합니다. 거기에 더해, 이 시의 모든 구절에 대한 해석, 다시 말해 '자연 속에서의 삶을 긍정하며 속세에 대한 미련 없이, 욕심도 바라는 일도 없이 살아감' 정도까지를 알고 있어야 해당 시에 대한 연계 공부가 완료되었다고 볼 수 있죠.

이는 다시 말하면, 작품을 보자마자 그 작품에 대한 모든 해제 분석이 이미 머릿속에 저장이 되어 있어야 한다는 이야기라고 할 수 있습니다.

또한 산문 문학의 경우에는, 해당 지문이 포함되어 있는 작품의 **전반적인 전체 줄거리가 머릿속에 모두 들어 있어야 합니다.**

[A]
　　　황상과 만조백관이 어찌할 줄 모르더니 좌장군 서경태가 급히 입직군을 동원하여 칼을 들고 내달아 크게 꾸짖길,
　　　"이 몹쓸 흉악한 놈아, 어찌 이런 변을 짓느냐?"
　　　하고 칼을 들어 치니 아귀가 몸을 기울여 피하고 입을 벌려 숨을 들이쉬니 서경태가 날리어 아귀 입으로 들어갔다. 상이 보시다가 크게 놀라,
　　　"짐이 여러 번 **전장**을 지내었으되 이런 일은 보도 듣도 못하였으니 제신 중에 뉘 이 짐승을 잡아 짐의 한을 씻으리오."
　　　정서장군 한세충이 나와 아뢰길,
　　　"소장이 비록 재주 없으나 저것을 베어 황상께 바치리이다."
　　　하고 황금 투구에 엄신갑을 입고 팔 척 장창을 들고 청룡마를 내달아 외쳐 말하길,
　　　"흉적은 목을 늘여 내 칼을 받으라."
　　　아귀가 크게 웃고 말하길,
　　　"아까는 내 숨을 들이쉬니 모기 같은 것도 삼켰으니 지금은 숨을 내쉴 것이니 네 눈을 부릅뜨고 자세히 보라."
　　　하고 입을 벌려 숨을 내부니 황상과 만조백관이 오 리나 밀려갔다. 아귀가 궁중이 텅 빈 것을 보고 세 공주를 등에 업고 돌아갔다.
　　　이때 황상이 제신과 함께 정신을 겨우 차려 환궁하시니 세 공주가 다 없었다. 상께 이 연고를 아뢰니 상이 크게 놀라 하교하시되,
　　　"이런 해괴한 변이 천고에 없으니 경들의 소견이 어떠하뇨?"
　　　하고 용루를 흘리시니 **조정**에 모인 여러 신하가 감히 우러러보지 못하였다.

이우영이 아뢰길,

"전 좌승상 김규가 지모 넉넉하오니 불러 문의하심이 마땅할까 하나이다."

상이 깨달아 조서를 내려 김규를 부르셨다.

이때 승상이 원을 데리고 평안히 지내더니 천만의외에 사관이 조서를 가지고 왔거늘 받자와 본즉,

"전임 좌승상에게 부치나니 그사이 **고향**에서 무사한가. ⓐ짐은 불행하여 공주를 잃고 종적을 모르니 통한함을 어찌 측량하리오. 경에게 옛 벼슬을 다시 내리나니 바삐 올라와 고명한 소견으로 짐의 아득함을 깨닫게 하라."

하였다. 승상이 사관을 후대하고 ㉠국변을 물으니 아귀 작란하던 일과 세 공주 잃은 말을 대강 고하니 승상이 못내 슬퍼하며 상경하여 사은숙배하니, 상이 보시고,

"경이 고향에 돌아감은 짐이 불명한 탓이로다. 국운이 불행하여 세 공주를 일시에 잃었으니 짐의 이 원을 어찌하리오? 경의 소견으로 이 일을 도모하면 평생의 한을 풀리로다."

승상이 엎드려 아뢰길,

"소신이 자식이 있삽는데 창법 검술이 일세에 무쌍하와 매일 종적 없이 다니옵기 연고를 물으니 **철마산**에 가 무예를 익히다가 일일은 그 산에서 아귀라 하는 짐승을 만나 겨루고 그 뒤를 좇아 바위 구멍으로 들어감을 보았노라 하옵기 과연 허언이 아닌가 싶사오니 ⓑ자식을 불러 들으심이 마땅하올까 하나이다."

[중략 부분의 줄거리] 원은 황상을 뵙고 원수가 되어 철마산 아귀의 소굴로 들어간다.

원수가 백계를 생각하다가 갑자기 깨달아 공주께 아뢰기를,

"독한 술을 많이 빚어 좋은 안주를 장만하여야 계교를 베풀리이다."

하고, 약속을 정해 여러 여자를 청하여 여차여차하게 계교를 갖추고 기다리라고 하였다.

이때 아귀가 원의 칼에 상한 머리 거의 나으니 모든 시녀를 불러 말하기를,

ⓒ"내 병이 조금 나았으니 사오일 후 세상에 나가 남두성을 잡아 죽여 이 원한을 풀리라. 너희는 나를 위하여 마음을 위로하라."

여자들이 이 말을 듣고 크게 기뻐하여 각각 술과 성찬을 권하기를,

"대왕의 상처가 나으시면 첩 등의 복인가 하나이다. ⓓ수이 차도를 얻사오면 남두성 잡기야 어찌 근심하리오? 주찬을 대령하였사오니 다 드시어 첩 등의 우러르는 마음을 즐겁게 하소서." 아귀가 가져오라 하거늘, 여러 여자가 일

시에 한 그릇씩 드리니 아홉 입으로 권하는 대로 먹으니 그 수를 알 수 없었다. 술이 취하매 여러 여자가 거짓으로 위로하여,

"장군은 잠간 잠을 청하여 아픔을 잊으소서."

아귀가 듣고 잠을 자려 하거늘, 막내 공주가 곁에 앉아 말하길, "보검을 놓고 주무소서. 취중에 보검을 한번 휘둘러 치면 잔명이 죄 없이 상할까 하나이다."

아귀가 말하기를,

"장수가 잠이 드나 칼을 어찌 손에서 놓으리오마는 혹 실수함이 있을까 하노니 머리맡에 세워 두라."

하고 주거늘, 공주가 받아 놓고 잠들기를 기다렸다. 아귀가 깊이 잠들었거늘, 비수를 가지고 **협실**로 나와 원수에게 잠들었음을 이르고 함께 후원에 이르러 큰 기둥을 가리키며,

"원수의 칼로 저 기둥을 쳐 보소서."

원수가 칼을 들어 기둥을 치니 반쯤 부러졌다. 공주가 크게 놀라 말하기를, "만일 그 칼을 썼더라면 성사도 못하고 도리어 큰 화가 미칠 뻔하였습니다."

아귀가 쓰던 비수로 기둥을 치니 썩은 풀이 베어지는 듯하였다.

- 작자 미상, 「김원전」

2024년 수능 국어에 출제된 「김원전」

위 작품은 2024학년도 수능에 출제되었던 「김원전」이라는 고전소설의 일부입니다. 이 작품은 2024학년도 『수능완성』에 수록되었는데, 그해 수능에까지 연계가 되어 출제되었습니다. 만약 해당 지문에 대한 학습이 제대로 되어 있다면, 위 지문을 보자마자 다음과 같은 전반적인 줄거리를 모두 떠올릴 수 있어야 합니다. 산문 문학은 그 특성상 연계가 되어도 연계 교재에 실려 있던 부분과는 전혀 다른 부분이 수록되어 나오기 때문에, 이 정도의 줄거리는 파악하고 있어야 어떤 부분이 연계되어 나오든 대비할 수 있습니다.

천상에서 남두성이라는 별이 옥황상제에게 죄를 지어 지상으로 내려온다. 남두성은 늦도록 자식이 없었던 명나라의 승상 김규의 아들로 태어나는데, 그 생김새가 사람이 아니라 수박처럼 둥근 형상이라 이름을 원이라고 했다. 원은 10년 후에 허물을 벗고 사람의 모습으로 돌아온다. 원은 똑똑했으며 신기한 재주도 부리며 성장한다. 어느 날 원이 무술 공부를 하다가 황제의 세 공주가 괴물에게 잡혀가는 것을 보고 괴물에게 상처를 입힌다. 원은 강문추와 함께 공주를 구하기 위해 괴물의 동굴로 간다. 원이 들어가 세 공주를 구하여 지상으로 먼저 올려 보내자 강문추가 굴을 막아 버려서 원은 동굴에 갇히게 된다. 황제는 강문추를 신문하여 원이 동굴에서 빠져나오지 못한 까닭을 알게 되고, 강문추를 죽인다. 한편 원은 탈출하기 위해 동굴 속을 헤매다가 괴물에게 잡힌 용왕의 딸을 구해 주고, 그녀와 결혼하여 다시 인간 세계로 나오게 된다. 그러나 원은 도중에 도적에게 용왕이 준 보물을 빼앗기고 죽는다. 용왕의 딸은 아버지 용왕에게 도움을 청하고 원에게 약을 먹여 원을 다시 살린다. 고국에 돌아온 원은 황제의 딸과도 결혼하며, 그들은 행복하게 살다가 신선이 된다.

이처럼 EBS 문학 연계 학습에 대한 점검을 할 때는, 기출 학습에 대한 점검을 할 때보다 더 빡빡한 기준을 적용해야 한다고 이해하면 되겠습니다.

D-30 파이널 체크

〈 수학 〉

수학 기출 점검

국어와 마찬가지로, 수학에서도 가장 우선적으로 점검해야 할 부분은 기출 학습이 제대로 되어 있는지 여부입니다.

물론 수학은 기출 이전에 기초 개념, 계산력 등의 요소 또한 실력에 크나큰 영향을 미치지만, 이 요소들은 수능 D-30이라는 시점에 점검하기에는 너무 기초적입니다. 이미 이 요소들은 갖추어져 있다고 보고 점검을 실시하겠습니다.

그럼, 수학에서는 어떤 기준을 적용해서, 또 어떤 방식을 활용해서 기출 학습에 대한 점검을 진행해야 할까요?

비문학과 문학, 선택과목에 있어 그 기준과 방식이 달라지는 국어와 달리 수학은 모든 과목에 공통적인 기준과 방식이 적용됩니다. **문제를 보자마자, 해결을 하기 위한 사고 과정이 바로 떠올라**

야 합니다. 더 쉽게 이야기하면, 문제를 보자마자 바로 풀어 낼 수 있어야 한다는 이야기이기도 하죠.

물론, 이것은 문제 자체를 외워버리라는 것과는 큰 차이가 있습니다. 수학 문제를 해결하기 위해서는 필연적으로 떠올려야만 하는 사고 과정이 있습니다. 그리고 이는 문제에 주어진 단서를 보고 떠올릴 수 있습니다. 그렇게 사고 과정을 떠올린 뒤에는, 정해진 순서에 맞추어 사고 과정들을 배열한 뒤 그것을 따라 풀이를 진행해 나갑니다.

결국 본질적으로 머릿속에 '외워 둬야' 하는 것은 문제에 주어진 각 단서들에서 도출할 수 있는 사고 과정뿐이라는 뜻이죠.

해당 사고 과정들을 올바른 순서대로 배열하는 것은 외우는 것이 아니라 생각의 영역이며, 우리는 이것을 '실력'이라고 부르기로 했습니다.

이는 단서에서 사고 과정을 떠올리는 작업도 없고, 그 사고 과정을 배열하는 작업도 없는 '풀이의 단순 암기'와는 분명히 큰 차이가 있습니다.

그럼 이제, 단서를 통해 사고 과정을 떠올리고 그 사고 과정을 배열하는 것이 어떤 것인지를 실제 기출 문제를 통해 한번 알아보도록 합시다.

| **22** | 두 다항함수 $f(x)$, $g(x)$에 대하여 $f(x)$의 한 부정적분을 $F(x)$라 하고 $g(x)$의 한 부정적분을 $G(x)$라 할 때, 이 함수들은 모든 실수 x에 대하여 다음 조건을 만족시킨다.

> (가) $\int_1^x f(t)dt = xf(x) - 2x^2 - 1$
>
> (나) $f(x)G(x) + F(x)g(x) = 8x^3 + 3x^2 + 1$

$\int_1^3 g(x)dx$의 값을 구하시오.

정답 : 10

2024학년도 9월 모의고사 수학 공통 22번 문항

위 문제에서 주어진 단서를 통해 떠올릴 수 있는 사고 과정은 다음과 같습니다.

1. (가) 조건 → $x=1$을 대입해 $f(1)$의 값을 찾기
2. (가) 조건 → 양변을 미분해 $f(x)$의 식을 확정하기
3. (나) 조건 → 양변을 적분해 $F(x)G(x)$의 식을 찾기
4. 발문 → $g(x)$의 식을 미정계수로 둔 뒤 $F(x)G(x)$의 식에 대입해 $g(x)$의 식을 확정하기

이러한 사고 과정을 떠올린 뒤, $1 \rightarrow 2 \rightarrow 3 \rightarrow 4$의 순서로 사고 과정을 배열해 풀이를 이어 나가 결국 답을 구할 수 있는 것입니다.

그리고 위에서 언급한 이 모든 과정은, 만약 여러분이 해당 기

출 문제에 대한 학습이 제대로 되어 있다면 문제를 보자마자 바로 떠올라야 하는 종류의 것이죠.

한 가지 예시를 더 살펴보도록 합시다.

| 15 | 첫째항이 자연수인 수열 $\{a_n\}$이 모든 자연수 n에 대하여

$$a_{n+1} = \begin{cases} 2^{a_n} & (a_n\text{이 홀수인 경우}) \\ \dfrac{1}{2}a_n & (a_n\text{이 짝수인 경우}) \end{cases}$$

를 만족시킬 때, $a_6 + a_7 = 3$이 되도록 하는 모든 a_1의 값의 합은?

① 139 ② 146 ③ 153 ④ 160 ⑤ 167

정답 : ③

2024학년도 수능 수학 공통 15번 문항

위 문제에서 주어진 단서를 통해 떠올릴 수 있는 사고 과정은 다음과 같습니다.

1. $a_6 + a_7$의 값 → 관계식에 대입해 한 가지 항으로 정리하기
2. $a_6 + a_7$의 값 → 역추적을 통해 a_1의 값을 찾기
3. 관계식 → 특정 항을 대입할 때 홀수인 경우와 짝수인 경우로 나누기

이러한 사고 과정을 떠올린 뒤, 1 → 3 → 2의 순서로 사고 과정을 배열해 풀이를 이어 나가면 결국 답을 구할 수 있습니다. 그리고 이 과정 또한 해당 문제에 대한 기출 학습이 제대로 되어 있다면 문제를 보자마자 떠올라야 합니다.

위 두 문제를 통해 얻어낸 결론을 정리하면 다음과 같습니다. **기출 문제를 봤을 때 해결을 위한 사고 과정이 바로 떠오른다면**, 다시 말해 **기출 문제를 보자마자 풀 수 있으면** 기출 학습이 완료되었다고 볼 수 있습니다.

실전 개념 학습 점검

그러나 수학에는 기출 학습을 완료한 후, 혹은 기출 학습과 동시에 진행해야 하는 종류의 학습이 존재합니다. 실전 개념 학습이 바로 그것이죠.

그리고 수능 D-30 시점에서, 여러분은 아마 실전 개념 학습까지 마무리를 했을 것입니다. 만약 마무리를 하지 못했다면, 하루빨리 마무리를 하기 위해 집중 학습을 진행해야 합니다.

그러나 학습을 완료했다고 하더라도, 해당 내용을 망각하거나 문제를 마주했을 때 사고 과정을 꺼내지 못할 가능성은 항상 존재합니다. 그렇기에 실전 개념에 대한 점검 또한 이 기간 동안 진행해야 하죠.

그렇다면 실전 개념에 대한 점검은 어떤 방식으로 진행해야 할까요?

여러 가지 방법이 있을 수 있겠지만, 저는 해당 개념을 적용해 풀 수 있는 문제를 활용한 점검을 추천하고 싶습니다. 실제 예시를 통해 어떻게 점검을 하는지 알아보죠.

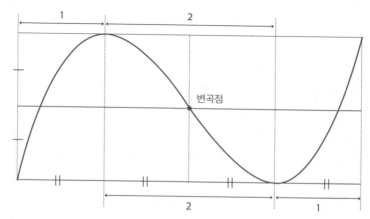

변곡점

삼차함수의 비율 관계

위 그림은 실전 개념 '삼차함수의 비율 관계'를 나타낸 것입니다. 삼차함수의 비율 관계는 모든 수학 실전 개념 중 '가장 유명하다'고 해도 과언이 아닐 만큼 대중적인 개념이죠.

| 30 | 최고차항의 계수가 양수인 삼차함수 $f(x)$ 가 다음 조건을 만족시킨다.

> (가) 방정식 $f(x) - x = 0$의 서로 다른 실근의 개수는 2이다.
> (나) 방정식 $f(x) + x = 0$의 서로 다른 실근의 개수는 2이다.

$f(0) = 0$, $f'(1) = 1$ 일 때, $f(3)$ 의 값을 구하시오.

정답 : 51

2020학년도 수능 수학 나형 30번 문항

| 22 | 삼차함수 $f(x)$ 가 다음 조건을 만족시킨다.

> (가) 방정식 $f(x) = 0$의 서로 다른 실근의 개수는 2이다.
> (나) 방정식 $f(x - f(x)) = 0$의 서로 다른 실근의 개수는 3이다.

$f(1) = 4$, $f'(1) = 1$, $f'(0) > 1$ 일 때, $f(0) = \dfrac{q}{p}$이다. $p + q$의 값을 구하시오. (단, p와 q는 서로소인 자연수이다.)

정답 : 61

2022학년도 6월 모의평가 수학 공통 22번 문항

    위 문제들은 삼차함수의 비율 관계를 활용했을 때 훨씬 빨리 풀 수 있는 문제들입니다. 그러니 여러분은 위의 문제들을 삼차함수의 비율 관계를 활용해 풀려고 시도해 보면서, 삼차함수의 비율 관계라는 실전 개념의 숙련도를 점검해 볼 수 있죠.

한 가지 사례를 더 살펴보겠습니다.

$$S_n = \frac{n(2a+(n-1)d)}{2} = \frac{d}{2}n^2 + \frac{2a-d}{2}n$$

등차수열의 합의 이차함수적 관점

위 식은 실전 개념 '등차수열의 합의 이차함수적 관점'을 나타
낸 것으로, 해당 실전 개념은 등차수열의 합을 다루는 대부분의 문
제를 풀 때 도움을 받을 수 있는 매우 유용한 개념입니다.

그리고 해당 개념이 문제 해결의 결정적인 힌트가 될 수 있던
사례에는 다음 문제들이 존재합니다.

| 29 | 첫째항이 0이 아닌 등차수열 $\{a_n\}$의 첫째항부터
제 n항까지의 합 S_n에 대하여 $S_9=S_{18}$이다. 집합 T_n을

$$T_n = \{S_k \mid k=1, 2, 3, \cdots, n\}$$

이라 하자. 집합 T_n의 원소의 개수가 13이 되도록 하는
모든 자연수 n의 값의 합을 구하시오.

정답 : 273

출처: 인천광역시교육청
2019년 7월 고3 모의고사 수학 나형 29번 문항

| 17 | 수열 $\{a_n\}$의 첫째항부터 제 n항까지의 합 S_n이 다음 조건을 만족시킨다.

> (가) S_n은 n에 대한 이차식이다.
> (나) $S_{10} = S_{50} = 10$
> (다) S_n은 $n = 30$에서 최댓값 410을 갖는다.

50보다 작은 자연수 m에 대하여 $S_m > S_{50}$을 만족시키는 m의 최솟값을 p, 최댓값을 q라 할 때, $\sum_{k=p}^{q} a_k$의 값은?

① 39 ② 40 ③ 41 ④ 42 ⑤ 43

정답 : ①

출처: 서울특별시교육청
2019년 10월 고3 모의고사 수학 나형 17번 문항

위 문제들은 등차수열의 합의 이차함수적 관점을 활용했을 때 훨씬 빨리 풀 수 있는 문제들입니다.

마찬가지로 여러분은 위 문제들을 등차수열의 합의 이차함수적 관점을 활용해 풀려고 시도해 보면서, 해당 실전 개념의 숙련도를 점검해 볼 수 있죠.

지금까지 설명한 내용이 수학에서 D-30 시점에 점검해야 하는 요소들입니다.

기출과 실전 개념, 이들은 D-30에 점검을 하는 것이 어색할 만큼 기초적인 내용도 아니면서, D-30에 반드시 완성이 되어 있지

않아도 될 만큼 심화된 내용도 아닙니다. 그러다 보니 오히려 놓치기 쉽죠.

따라서 이 두 가지는 여러분이 이 책자를 읽고 있는 이 시점에 반드시 점검해야 하며, 만약 완성되어 있지 않은 부분이 발견된다면 반드시 보완해야 합니다.

만약 이 모든 것이 완료되었다면, 본 책에서 언급했듯 추가적인 N제 풀이 작업을 진행하며 실전 모의고사 학습을 시작하면 됩니다.

D-30 파이널 체크

〈영어〉

영어 기출 점검

국어, 수학과 마찬가지로 영어에서도 점검은 기출을 베이스로 이루어져야 합니다. 그러나 영어에는 국어, 수학과의 큰 차이점이 하나 존재합니다. **반드시 기출 문제 해결을 위한 사고 과정을 모두 기억할 필요가 없다는 것**이죠.

영어의 경우는 과목 특성상 문제 해결을 위해서는 지문 내용 전체를 기억하고 있어야 합니다. 그런데 사고 과정을 모두 기억한다는 것은 지문 내용을 모두 기억하고 있다는 것과 마찬가지입니다.

그러나 여러분이 준비하는 것은 내신이 아니라 수능입니다. 기출 지문의 내용을 하나하나 모두 암기할 필요는 전혀 없습니다.

그렇다면, 영어에 있어 기출 학습 점검은 어떻게 이루어져야 할까요?

이 질문에 대한 답은 간단합니다. **특정 기출 문제를 마주했을 때, 그 문제를 막힘 없이 풀어 낼 수만 있으면** 기출 학습이 완료된 것으로 보면 됩니다.

국어 비문학이나 수학과 같이 문제를 보자마자 머릿속에 해결을 위한 모든 과정이 그려지지 않아도 됩니다. 그냥 말 그대로, '막힘 없이 풀어 낼' 수 있기만 하면 되는 것입니다.

여기서 '막힘 없이'라는 말에는, 해당 지문에 사용된 단어들의 뜻을 모두 알고 있고, 해당 지문에 등장한 모든 문장을 해석할 수 있으며, 해석이 완료된 후 주저하지 않고 답을 도출한다는 부분까지 포함됩니다.

이처럼 어떤 기출 문제를 마주하든 간에 문제를 풀 때 위 세 가지 요소가 모두 만족된다면, 비로소 '영어 기출 학습을 마무리했다'고 말할 수 있는 것이죠.

이는 역으로 이야기하면, 특정 기출 문제를 풀 때 모르는 단어가 있으면 해당 단어를 정리해서 암기하는 보충 작업이 필요하다는 의미이기도 합니다.

마찬가지로 해석이 안 되는 문장이 있으면 해당 문장 구조를 분석해 온전하게 해석하는 작업이, 해석이 끝난 후 답 도출이 되지 않으면 답 도출을 위한 사고 과정을 정리하는 작업이 필요하겠죠?

이것이 영어 기출 학습 점검의 기준과 방법의 전부입니다. 국어, 수학과 달리 영어의 경우에는 그 내용이 상당히 간단한 편이죠.

어휘 학습의 필요성

　그러나 국어, 수학과 마찬가지로, 영어도 기출 학습 점검만 한다고 해야 하는 공부가 끝나는 것은 아닙니다.

　2024학년도 이후 영어 영역의 난이도는 꾸준히 상승세를 보이고 있으며, 이에 대한 주요한 원인으로는 어휘와 문장 해석 난이도의 상승이 꼽히고 있습니다.

학년도	시험	1등급	2등급	3등급	4등급
2024	6월 모의고사	7.62%	22.57%	44.38%	64.71%
2024	9월 모의고사	4.37%	17.71%	41.56%	64.73%
2024	수능	4.71%	22.88%	46.84%	66.25%
2025	6월 모의고사	1.47%	9.47%	28.82%	53.49%

2024학년도 이후 평가원 영어 시험 등급별 누적 비율

　그에 따라 영어 공부의 필요성 또한 점점 늘어나고 있으며, 많은 학생은 이를 영어 문제 풀이량 증가라는 형태로 대응하고자 합니다.

　영어 문제 풀이를 하면 문장 독해 실력과 정답 도출 실력은 상승할 수 있습니다. 그러나 어휘력은 따로 정리를 하지 않는 이상 상승할 수 없습니다.

　어휘력은 그 특성상 어휘 학습을 따로 해야만 상승할 수 있죠.

그렇기 때문에 저는 여러분에게 **어휘 공부를 꾸준히 하는 것**을 추천하고 싶습니다.

D-30, 흔히 파이널이라고 일컬어지는 이 기간 동안, 기초적인 내용이라고 분류되는 부분은 학생들 사이에서 등한시되는 경향이 있습니다. 그리고 영어 과목에 있어서는 어휘 학습이 바로 그 기초적인 내용으로 여겨지는 편이죠.

그리고 저 역시 일반적으로는 이 파이널 기간 동안 기초적인 학습은 지양하자는 주의이기는 하지만, 유일하게 영어 어휘에 있어서는 예외적인 입장입니다.

영어 어휘는 물론 가장 기초적인 학습에 속하기는 하지만, 동시에 가장 심화적인 학습에 속할 수도 있습니다. 어려운 어휘가 문제에 등장할수록 문제의 난이도는 당연히 높아지게 되며, 이 경우 어휘는 해당 문제에 있어 심화적인 변별 요소가 되어 작용하기 때문입니다.

수학의 경우 사칙연산은 매우 기초적인 학습에 속하며, 그렇기에 수학 영역에서 사칙연산만으로 변별을 하는 경우는 존재하지 않습니다.

그러나 앞에서 언급했듯 영어 어휘는 많은 경우 영어 영역의 핵심적인 변별 요소로 작용하며, 그렇기에 영어 어휘는 언제든지 심화 학습의 영역에 속하게 될 수 있습니다.

그렇기에 저는 D-30이라는 파이널 기간에도 꾸준히 영어 어휘 학습을 해야 한다고 생각합니다. 굳이 단어장을 사서 외우는 것이 아니라, 문제를 풀어 나갈 때 모르는 어휘를 따로 정리하는 형태도 괜찮습니다.

　수차례 언급했듯 파이널이라는 기간은 여러분의 약점을 보완하는 기간이 되어야 하며, 영어 어휘 역시도 얼마든지 유의미한 약점이 될 수 있기에 보완 작업을 진행해야 합니다.

수능 직전
한국사 벼락치기

1 선사시대 및 고대

구석기: 뗀석기, 주먹도끼, 사냥 및 채집

신석기: 간석기, 빗살무늬 토기, 가락바퀴, 움집, 농경 시작

청동기: 비파형 동검, 농경 및 목축 확대, 일부지역 벼농사, 고인돌

고구려: 5부족 연맹, 국내성 천도, 서옥제, 고분벽화 별자리

- **태조**: 옥저 정복

- **미천왕**: 낙랑군 축출

- **소수림왕**: 태학 설립, 율령 반포

- **광개토 대왕**: 만주 정복

- **장수왕**: 남진 정책(평양 천도)

백제: 22담로, 백제 금동 대향로

    • **문주왕:** 웅진(공주) 천도

    • **성왕:** 사비(부여) 천도

신라: 화랑도, 나·당 전쟁 - 삼국 통일, 첨성대

통일 신라: 집사부, 시중 강화, 상수리 제도(지방 견제), 6두품, 관료전 지급 및 녹읍 폐지, 정전 지급, 독서삼품과, 무구정광대다라니경, 불국사 3층 석탑, 장보고 청해진 설립

발해: 대조영 건국, 독자적 연호, 해동성국, 3성 6부, 5경 15부 62주, 고구려 계승, 주자감 설치(교육)

2 | 고려시대

태조: 북진 정책(서경 중시), 훈요 10조

광종: 노비안검법, 과거제, 황제 칭호 및 독자적 연호

성종: 최승로 시무 28조, 12목 설치, 지방관 파견, 향리 제도

중앙 통치 조직: 2성 6부(중서문하성 - 문하시중, 상서성 - 6부), 중추원, 삼사, 도병마사, 식목도감

지방 행정 조직: 5도(일반), 양계(군사)

거란 침입: 1차: 서희 담판 외교, 3차 – 강감찬 귀주대첩 → 천리 장성 축조

여진 관계: 별무반 창설(윤관), 동북 9성 설치, 금과의 군신 관계
(이자겸 등 문벌 귀족 세력 등장)

문벌 귀족 사회: 공음전, 음서제도, 이자겸의 난

서경 천도 운동(묘청): 김부식(관군 세력)이 진압

무신정권: 중방을 중심으로 권력 행사(이의방, 정중부)
- **원인:** 무신 차별대우
- **최씨 무신정권:** 최충헌 – 교정도감 설치, 최우 – 삼별초 설치

몽골 항쟁: 강화도 천도, 처인성 전투(김윤후, 살리타 사망), 충주성 전투(하층민), 최씨 정권 몰락, 개경 환도, 삼별초 항쟁, 황룡사 9층 목탑, 초조대장경 등 소실 + 팔만대장경 제작

원 내정 간섭: 2성 6부 → 1부 4사. 쌍성총관부 등 소실, 정동행성 (내정 간섭기구), 다루가치 파견, 공녀 요구, 권문세족 성장

공민왕: 전민변정도감 설치, 친원 숙청, 정동행성 이문소 폐지, 쌍성총관부 공격 및 영토 회복, 신진사대부 성장

농업: 2년 3작, 고려 말 일부 모내기법, 농상집요

화폐: 건원중보, 삼한통보, 해동통보, 은병

상업: 벽란도 – 아라비아 상인과 교류(코리아)

기타 용어: 혜민국, 삼국사기(김부식, 전기), 삼국유사(후기)

3-1 조선시대 초기

태종: 6조 직계제, 호패법, 혼일강리역대국지도 제작

세종: 집현전 설치, 4군 6진 개척, 전분6등법, 연분9등법, 훈민정음 창제, 농사직설 간행, 칠정산 편찬, 앙부일구, 자격루, 측우기 제작

세조: 6조 직계제 부활, 직전법 실시

성종: 경국대전 편찬

광해군: 대동법 실시, 중립 외교

임진왜란 - 정유재란: 이순신

정묘호란: 배경 - 광해군 축출, 인종 즉위, 친명배금 → 후금 자극
병자호란: 삼전도의 굴욕, 청과 군신관계 성립

왜: 안용복 - 울릉도, 독도 조선 영토 확인

3-2 조선시대 후기

비변사: 여진족 및 왜의 침입 대비 임시기구 → 임진왜란 후 국정
총괄 → 왕권 약화 - 의정부, 6조 기능 약화

군사제도: 5군영(중앙), 속오군(지방)

기타 제도 및 내용
- **영정법:** 토지 1결 당 쌀 4~6두
- **대동법(광해군):** 공납 - 토지 결수에 따라(1결당 12두), 무명, 베 등으로 징수 → 농민 부담 하락
- **균역법:** 농민에게 군포 1필 징수

농민 봉기: 홍경래의 난(평안도 차별), 임술 농민 봉기(지배층의 수탈 심화)

모내기법 확산: 전국적 유통망, 보부상 활발, 상평통보, 신분제 동요 – 서얼 등용 확대(영조, 정조), 동학(인내천 사상): 최제우 창시

흥선대원군: 통상 수교 거부 정책, 비변사 축소, 경복궁 재건, 호포제 실시(양반도 군포 징수), 서원 철폐

고종: 강화도 조약 체결

병인양요: 양헌수 부대(정족산성), 한성근 부대(문수산성), 외규장각 약탈

오페르트의 남연군 묘 도굴 사건: 실패, 흥선대원군 통상 거부 의사 강화

신미양요: 미국 제너럴 셔먼호, 강화도 침공, 어재연 부대 항전, 척화비 건립

강화도 조약(1876): 운요호 사건이 원인, 조선 자주국 규정, 영사재판권(치외법권) 인정, 불평등 조약

조미 수호 통상 조약(1882): 미국 최혜국 대우, 영사재판권(치외법권) 인정

임오군란(1882): 구식 군인 차별, 구식 군인 + 도시빈민 봉기 → 흥선대원군 재집권, 별기군 폐지, 5군영 부활 → 조청 상민 수륙 무역 장정 체결(청 – 영사재판권 인정, 개항장 외 내륙 통상 시작)

갑신정변: 3일 천하, 박영효, 김옥균

텐진 조약: 청, 일 양국 군대 동시 철수, 조선 파병 시 양국에 통보

동학 농민 봉기: 반봉건, 반외세, 잔여 병력 → 항일운동 참여
제2차 봉기: 조선이 청, 일에 철군 요구 → 일본군 경복궁 기습 및 점령 → 청일전쟁 발발 → 동학 농민군 재봉기 → 공주 우금치 전투 → 패배

갑오개혁

- **1차**: 신분제 철폐
- **2차**: 군국기무처 폐지, 홍범 14조 반포
- **3차**: 시모노세키 조약, 을미사변, 단발령, 아관파천 후 중단

독립협회: 독립신문 창간, 강연 및 토론회 민중계몽, 만민공동회

한일 의정서: 일본의 조선 군사 요충지 사용권 확보

제1차 한일 협약: 메가타 파견 → 대한제국 외교 및 재정 간섭

가쓰라 - 태프트 밀약: 미국 - 필리핀, 일본 - 조선 식민지 인정

포츠머스 조약: 일본 - 한국 독점지배권, 러일 전쟁 종결

을사늑약: 대한제국 외교권 강탈, 통감부 설치 → 고종의 헤이그 특사 파견 → 나철의 을사오적 암살 시도, 안중근 이토 히로부미 사살 등의 항거

한일 신협약: 대한제국 군대 강제해산

한일 병합 조약: 국권 강탈, 조선 총독부 설치

조청 상민 수륙 무역 장정: 청 상인 특권, 영사 재판권 보장

조일 통상 장정: 일본 최혜국 대우

화폐 정리사업: 일본인 재정 고문 메가타 주도

동양척식주식회사 설립: 일본의 토지 약탈

을사의병: 신돌석, 최익현

신민회(안창호, 양기탁): 애국단체, 무장 독립전쟁 준비, 오산 학교, 대성 학교 설립. 민족산업 육성, 국외 독립운동기지 건설, 105인 사건으로 와해

4 일제 식민 통치

무단 통치(1910년대): 헌병 경찰, 헌병의 즉결 처분권 행사, 조선 태형령, 교원의 제복 및 칼 착용, 토지 조사 사업, 회사령

문화 통치(1920년대): 3.1운동 이후, 산미 증식 계획, 회사령 폐지

민족 말살 통치(1930년대): 황국 신민화 정책(내선일체, 황국 신민 서사 암송, 창씨개명 강요), 징병제, 위안부 강제 동원

민족운동
- **대한 광복회(박상진)**: 친일파 처단, 독립전쟁 계획
- **3.1운동**: 배경 - 2.8 독립 선언, 중국의 5.4 운동에 영향
- **대한민국 임시정부**: 초대 대통령 이승만, 독립 공채 발행, 독립신문 발간
- **6.10 만세 운동**: 순종 장례일에 맞춰 대규모 만세 시위, 신간회 창설 계기
- **신간회**: 6.10 운동 이후 창설, 정우회 선언 계기, 광주 학

생 항일 운동 지원

- **광주 학생 항일 운동**: 발단 – 일본 학생의 한국인 여학생 희롱, 3.1 운동 이후 최대의 규모
- **근우회**: 신간회 자매 단체, 여성 계몽 활동
- **조선어 연구회**: 가갸날 제정, 잡지 '한글' 발행
- **조선어 학회**: 한글 맞춤법 통일안, 표준어 제정, 조선어 학회 사건으로 해체

독립전투

- **봉오동 전투**: 대한 독립군(홍범도) 등
- **청산리 대첩**: 북로 군정서(김좌진), 대한 독립군(홍범도) 등

의열 투쟁

- **의열단**: 김원봉 중심, 김상옥, 나석주 등 폭탄 투척 의거, 무장투쟁 준비, 조선 혁명 간부학교 설립, 민족 혁명당 결성
- **한인 애국단**: 김구 결성, 이봉창, 윤봉길 의사 등, 중국의 적극적 지원 계기
- **한국 독립당**: 김구, 지청천 등

국제사회

- **카이로 회담**: 한국 독립 최초 결의
- **포츠담 회담**: 한국 독립 재확인

5.10 총선거: 최초의 보통선거

제헌 헌법 공포: 삼권 분립, 대통령 중심제

제헌 국회: 반민족 행위 처벌법 제정, 반민족 행위 특별조사 위원회 설립, 농지 개혁법 제정

6.25 전쟁: 1950년 북한의 기습(남침)

이승만 정부: 경향신문 폐간, 진보세력 탄압

4.19 혁명: 3.15 부정선거 규탄 → 이승만 하야

5.16 군사 정변: 박정희 중심, 경제 개발 5개년 계획 추진, 한일 국교 정상화, 유신 체제(국회 해산, 대통령 중임 조항 삭제)

박정희 정부: 7.4 남북 공동 성명

5.18 민주화 운동: 계엄군의 시민군 무력 제압

6월 민주 항쟁: 박종철 고문치사 사건 발생 → 시위 확산 → 5년

단임 대통령 직선제 확립

김영삼 정부: 금융 실명제, 외환위기 초래

김대중 정부: 햇볕정책, 제1차 남북 정상 회담, 6.15 남북 공동 선언

노무현 정부: 제2차 남북 정상 회담

가채점표 양식

국어 영역

1-5				
6-10				
11-15				
16-20				
21-25				
26-30				
31-35				
36-40				
41-45				

수학 영역

1-5				
6-10				
11-15				
16	17			
18	19			
20	21			
22	✕			
23-28				
29	30			

영어 영역

1-5				
6-10				
11-15				
16-20				
21-25				
26-30				
31-35				
36-40				
41-45				

탐구 영역 ①

1-5				
6-10				
11-15				
16-20				

탐구 영역 ②

1-5				
6-10				
11-15				
16-20				

한국사 영역 (필수)

1-5				
6-10				
11-15				
16-20				

제2외국어 / 한문 영역 (선택)

1-5				
6-10				
11-15				
16-20				
21-25				
26-30				

부착 전 감독관 확인을 받으십시오.

✂ CUT